Classiques, exotiques ou sucrées

Raclettes
et petits poêlons

Classiques, exotiques ou sucrées

Raclettes

et petits poêlons

Sabine Vonderstein

PaRragon

Bath · New York · Singapore · Hong Kong · Cologne · Delhi
Melbourne · Amsterdam · Johannesburg · Auckland · Shenzhen

Notes à l'attention des lecteurs
Une cuillerée à café correspond à 5 ml, une cuillerée à soupe
à 15 ml. Sauf mention contraire, on utilise du lait entier. Les
quantités indiquées pour les pommes de terre, les légumes
et les œufs correspondent à des produits de taille moyenne.
On utilise toujours du poivre fraîchement moulu.

Il est déconseillé aux enfants, aux personnes âgées, aux femmes
enceintes, aux personnes malades ou en convalescence de
consommer des œufs crus ou peu cuits, du poisson et des fruits
de mer crus, ainsi que des cacahuètes ou des produits à base
d'arachide.

Nous attirons l'attention des personnes allergiques sur le fait
que certains produits finis utilisés dans les recettes peuvent
contenir des agents allergènes. Il convient donc de toujours
lire scrupuleusement la liste des ingrédients.
Les restes alimentaires doivent impérativement être conservés
au réfrigérateur. Avant de les consommer, il convient de vérifier
qu'ils sont encore frais. Veiller à ne jamais consommer de
produits avariés.

Toutes les recettes de ce livre ont été élaborées, dégustées
et contrôlées avec soin et amour.

Sommaire

Introduction

Selon la légende, c'est un vacher des Alpes valaisannes qui, il y a 400 ans, découvrit par hasard la préparation du délicieux *Bratchäs*, fromage rôti, alors qu'il avait placé son fromage trop près du feu de la cheminée et que celui-ci se mit à fondre. Il lui fut impossible de le découper et il dut l'étaler sur son pain avec un couteau. Ainsi naquit le plat national suisse, la raclette (du français « racler »). Ce n'est toutefois qu'au XXe siècle que la raclette fut connue par un large public suisse, en accompagnement de la dégustation du vin dans le canton du Valais.

La tradition conviviale de la raclette s'est répandue en France et ce fromage est également produit désormais en Savoie et en Franche-Comté. Le délicieux goût du fromage fondu ainsi que la convivialité de sa dégustation font aujourd'hui de la raclette l'un des plats préférés des Français. C'est surtout pendant la saison hivernale que l'on aime se réunir autour de ce savoureux repas et que l'on apprécie la chaleur – et l'odeur – qui émane de l'appareil à raclette. Les variantes traditionnelles comme les variantes modernes de la raclette sont un véritable régal pour les papilles. Au cours de ce repas généreux, l'hôte et les invités peuvent composer leur propre plat selon leur inspiration.

Pour préparer la raclette valaisanne originale, le choix des ingrédients se résume à un fromage bien fait, fondu et étalé sur du pain ou des pommes de terre, des cornichons et des petits oignons, et éventuellement quelques tranches de viande des Grisons, le plus souvent remplacée par diverses charcuteries en France. Pourtant, une grande diversité d'accompagnements s'est développée, et le délicieux fromage à raclette se déguste avec des légumes, de la salade, de la viande ou du poisson.

Peu importe que l'on place une meule de fromage dans un four à raclette traditionnel avec une résistance verticale et que l'on racle peu à peu le fromage, ou qu'on fasse fondre par portion les tranches déjà coupées dans de petits poêlons dans un appareil à raclette moderne : les variantes d'ingrédients sont infinies.

Grâce à la combinaison d'un gril et d'une plaque ou d'une pierre, les appareils à raclette modernes offrent la possibilité de préparer directement sur la table des garnitures de légumes, poisson et viande. Si l'on utilise l'appareil traditionnel, les garnitures doivent en revanche être cuites au préalable.

La popularité de la raclette se vérifie désormais toute l'année – même en été, on déguste du fromage fondu en plein air, pour changer du barbecue. Les amateurs de viande comme les végétariens peuvent y trouver leur compte.

Ce volume rassemble de nombreuses variantes de raclette qui garantissent des soirées raclette réussies. Inspirez-vous des combinaisons traditionnelles et originales de cette spécialité au fromage – par exemple pour des soirées à thème – et découvrez de nouveaux plaisirs pour le palais.

Variétés de fromages

En plus du fromage à raclette traditionnel, vous pouvez employer de nombreux fromages à pâte molle ou à pâte dure. Les variétés citées ici sont utilisées pour les menus proposés.

1. Fromage à raclette

Fromage à pâte dure, crémeux en fondant, jaune pâle, au lait cru de vache ; temps de maturité de 3 mois au moins ; goût : doux-épicé, légèrement acide, aromatique ; 45 à 50 % de matière grasse.

2. Bleu

Fromage à pâte molle à base de lait cru de vache, affiné avec de la moisissure noble ; variétés les plus connues : gorgonzola (aromatique, relevé) ; bleu d'Auvergne (relevé, noiseté) et roquefort (intense, légèrement salé) ; 45 à 50 % de matière grasse.

3. Cheddar

Fromage à pâte dure au lait cru de vache avec une teinte jaune ou orange intense ; goût : frais, noiseté, légèrement épicé et sucré (selon la maturation : 9-24 mois) ; 48 % de matière grasse.

4. Camembert

Fromage à pâte molle au lait de vache, de brebis ou de chèvre ; goût : avec la maturation croissante, plus fort, croûte fleurie ; 45 % de matière grasse.

5. Fromage de chèvre

Fromage frais ou à pâte molle au lait cru de chèvre ; différentes forces de goût : doux-crémeux, légèrement acide, croûte fleurie ; 40 à 50 % de matière grasse.

6. Munster

Fromage alsacien à pâte molle au lait cru de vache et de couleur jaune ; goût : relevé, aromatique, légèrement acide, avec une odeur intense ; 45 % de matière grasse.

7. Pecorino

Fromage italien à pâte dure au lait cru de brebis ; goût fort, relevé ; 40 à 50 % de matière grasse.

Fromage du Harz ou quargel

Fromage au lait caillé ; goût : plus fort avec la maturation ; 1 % de matière grasse.

Fromages de montagne

Différents fromages à pâte cuite au lait cru de vache, notamment : emmental (arôme noiseté, fruité), appenzeller (très relevé), gruyère (finement aromatique) ; 45 à 48 % de matière grasse.

Gouda

Fromage à pâte cuite semi-dure au lait de vache ou de chèvre ; goût : fruité avec une note sucrée, doux, plus relevé avec la maturation ; 40 à 45 % de matière grasse ; alternative au fromage à raclette relevé et très apprécié par les enfants.

Manchego

Fromage espagnol à pâte dure au lait de brebis ; goût intense, légèrement salé ; 50 % de matière grasse.

Mozzarella

Fromage frais italien au lait de bufflonne ou de vache ; goût : frais, légèrement acide avec une note sucrée ; 50 % au moins de matière grasse.

1

Pommes de terre et légumes

On trouve de nos jours sur les marchés de nombreuses variétés anciennes de pommes de terre – la ratte, la charlotte, l'amandine, la vitelotte, la bonnotte, pour n'en citer que quelques-unes. Pour la raclette, employez essentiellement des pommes de terre qui restent fermes à la cuisson.

Avec la raclette, les variations de légumes sont illimitées, mais certains doivent être cuits au préalable.

Recette classique

Pour ce plat authentique, on peut employer toute variété de pomme de terre qui reste ferme à la cuisson.

Ingrédients
pour 4 personnes

600 g de pommes de terre
sel
1 kg de fromage à raclette
   en tranches
poivre
380 g d'oignons grelots
   au vinaigre
370 g de cornichons

Selon son goût :

200 g de viande des Grisons
   ou 200 g de jambon fumé
   ou cru

1. Laver et brosser les pommes de terre, et les cuire avec la peau 20 minutes à l'eau bouillante salée.

2. Allumer l'appareil à raclette. Peler éventuellement les pommes de terre et les réserver au chaud sur la plaque de l'appareil ou dans un plat recouvert d'un torchon.

3. Placer le fromage sans croûte dans les poêlons et poivrer selon son goût. Faire fondre le fromage 3 à 4 minutes sans le laisser brunir, puis racler les poêlons à l'aide de spatules en bois pour napper les pommes de terre dans les assiettes.

4. Servir avec des oignons grelots et des cornichons et éventuellement avec de la viande des Grisons ou du jambon.

Conseil :
Cette raclette se déguste avec un fendant du Valais, un vin blanc de Savoie ou d'Arbois. Et, après le repas, un petit verre de kirsch…
La variante classique se combine ou se complète très bien avec d'autres plats de raclette (*voir* page 95), par exemple des champignons farcis (*voir* page 28), de l'échine de porc à la chapelure au fromage (*voir* page 52), des dés de cabillaud gratinés (*voir* page 68) ou avec de la poire et du chocolat (*voir* page 78) pour le dessert.

Tacos et salsa de tomates

Une raclette légèrement pimentée qui fait le bonheur des enfants.

1. Pour la salsa, plonger les tomates 10 minutes dans de l'eau bouillante. Les égoutter, inciser la peau avec la pointe d'un couteau et les peler. Couper les tomates en deux, les épépiner et les tailler en dés, puis les placer dans une casserole.

2. Épépiner le piment, le laver et le hacher finement. Peler les échalotes et les couper en dés avec les cornichons, puis les placer dans la casserole avec le piment. Ajouter le miel, le jus de citron, du sel et du poivre, et laisser réduire 1 h 30.

3. Allumer l'appareil à raclette. Couper le cheddar en tranches. Répartir les tacos dans les poêlons et les faire gratiner avec une tranche de fromage. Pour un peu plus de piquant, répartir du poivron ou du piment jalapeño finement hachés sur le fromage.

Conseil :
Les tacos se marient très bien avec des chips de légumes (*voir* page 18) ou avec une farce de viande hachée (*voir* page 44).

**Ingrédients
pour 4 personnes**

1 sachet de chips tacos
150 g de cheddar

Salsa de tomates :
4 tomates
1 piment
2 petites échalotes
3 cornichons aigres-doux
1 cuil. à café de miel
jus d'un citron
sel et poivre

Selon son goût :
1 poivron vert
   ou 1 piment jalapeño

Chips de légumes

Une raclette aux légumes très colorée, pas seulement pour les végétariens.

Ingrédients
pour 4 personnes

300 g de vitelottes
300 g de charlottes
2 carottes orange
2 carottes bleues
2 carottes jaunes
2 panais
3 betteraves rouges
1,5 l d'huile de tournesol,
    pour la friture
sel et poivre
150 g de cheddar
    ou d'autre fromage

Selon son goût :
2 poivrons verts
    ou 1 piment jalapeño

Condiment au fromage blanc :
400 g de fromage blanc
2 cuil. à soupe de mayonnaise
lait, pour allonger
1 bouquet d'herbes fraîches
    au choix
2 échalotes
1 gousse d'ail
sel et poivre

1. Laver les pommes de terre et les couper en très fines tranches avec la peau. Réserver les pommes de terre dans de l'eau froide.

2. Peler les carottes, les panais et les betteraves, puis les détailler en fines tranches dans le sens de la longueur. Plus les tranches de légumes sont fines, plus elles seront croustillantes. Sécher les tranches avec du papier absorbant.

3. Chauffer l'huile dans une cocotte et y faire frire les tranches de légumes de chaque variété séparément jusqu'à ce qu'elles soient bien croustillantes. Égoutter les chips de légumes obtenues sur du papier absorbant et les saupoudrer de sel.

4. Pour le condiment, mélanger le fromage blanc et la mayonnaise, puis allonger ce mélange avec un peu de lait. Laver et hacher les herbes. Peler les échalotes et les hacher finement. Presser l'ail. Incorporer tous ces ingrédients au fromage blanc, puis saler et poivrer.

5. Allumer l'appareil à raclette. Couper le cheddar en tranches. Répartir les chips de légumes dans les poêlons et les faire gratiner avec le fromage. Il est également possible de faire fondre le fromage seul dans les poêlons et d'en napper les chips dans les assiettes. Servir accompagné de condiment au fromage blanc.

Conseil :
Les chips de légumes peuvent se consommer froides et se gardent quelques jours. Ces chips se servent avec la raclette pour les enfants, les raclettes méditerranéenne et exotique (*voir* pages 92 et 94).

Nids de pâte feuilletée
à la méditerranéenne

Ces petites tartelettes feuilletées conviennent parfaitement pour une soirée raclette méditerranéenne.

1. Découper des carrés de pâte feuilletée adaptés aux poêlons, puis les placer dans les poêlons. Découper ensuite quatre fines bandes de pâte, les enduire de jaune d'œuf et les coller à la circonférence des carrés de pâte.

2. Préparer la mayonnaise (*voir* page 91), mais remplacer le jus de citron vert par le brin de thym.

3. Laver et peler les poivrons (*voir* page 22). Laver les courgettes et l'aubergine, les couper en tranches et les saupoudrer de sel. Laisser dégorger 10 minutes et sécher avec du papier absorbant.

4. Allumer l'appareil à raclette. Enduire les fonds de pâte avec le jaune d'œuf et piquer la pâte à l'aide d'une fourchette. Placer les poêlons 5 minutes sur la plaque du gril de sorte que la pâte soit chauffée par-dessous.

5. Hacher finement les olives et en répartir 1 cuillerée à soupe sur chaque fond de pâte. Enduire chaque face des tranches de légumes d'huile d'olive. Faire griller les légumes sur la plaque du gril, puis les poivrer selon son goût.

6. Garnir les fonds de pâte précuits avec les légumes et ajouter le fromage de chèvre, puis saler et poivrer. Faire gratiner les nids de pâte feuilletée.

Ingrédients
pour 4 personnes

500 g de pâte feuilletée
  prête à l'emploi
1 jaune d'œuf

Pour la garniture :
2 poivrons rouges
2 petites courgettes
1 aubergine
sel
10 g d'olives noires dénoyautées
huile d'olive
poivre
4 morceaux de fromage
  de chèvre frais

Selon son goût :
150 g de câpres

Mayonnaise :
300 ml de mayonnaise
  (*voir* page 91)
1 brin de thym

Poivrons, aubergines et fromage de chèvre

La fraîcheur méditerranéenne se savoure en toute saison !

Ingrédients
pour 4 personnes

1 aubergine
sel et poivre
3 poivrons rouges
4 morceaux de fromage
    de chèvre frais
huile d'olive
50 g de noix

Vinaigrette :
4 cuil. à soupe de vinaigre
    balsamique
sel et poivre
sucre ou miel
6 cuil. à soupe d'huile d'olive

1. Couper les deux extrémités des aubergines. Les laver et les détailler en fines tranches. Saler les tranches sur chaque face, puis les laisser dégorger 30 minutes. Sécher ensuite avec du papier absorbant.

2. Pour la vinaigrette, saler et poivrer le vinaigre, puis ajouter un peu de sucre ou de miel. Émulsionner le mélange avec l'huile de façon à obtenir une vinaigrette homogène.

3. Laver les poivrons et les cuire 10 à 15 minutes au four préchauffé à 220 °C (th. 7-8), jusqu'à ce que la peau noircisse et se détache de la peau. Les laisser tiédir, puis les couper en quatre, les peler et les épépiner. Couper la chair en lanières.

4. Allumer l'appareil à raclette. Huiler les tranches d'aubergines et les faire griller de chaque côté sur la plaque du gril.

5. Déposer des tranches d'aubergine et des lamelles de poivron dans les poêlons, puis saler et poivrer. Ajouter le fromage de chèvre et le faire fondre sous le gril.

6. Faire glisser les légumes gratinés à l'aide de spatules dans les assiettes et les arroser de vinaigrette. Faire griller brièvement les noix sur la plaque du gril, puis les hacher et en garnir les légumes.

Tortilla gratinée
aux pommes de terre

Pour une soirée raclette méditerranéenne réussie ou en complément de la raclette classique.

1. Laver les pommes de terre et les cuire 20 minutes à l'eau bouillante. Les égoutter, les peler et les couper en rondelles.

2. Pour le condiment, mélanger la crème fleurette et le fromage blanc. Si le fromage blanc n'est pas assez crémeux, ajouter un peu d'eau minérale ou d'huile d'olive. Laver et peler les oignons verts, l'ail et les herbes, puis les hacher finement et les incorporer au fromage blanc. Incorporer la moutarde. Saler et poivrer.

3. Peler les oignons verts et les couper en fines lanières avec le poivron pelé (*voir* page 22). Répartir les lanières dans les poêlons, ajouter les rondelles de pommes de terre et garnir de beurre. Saler et poivrer selon son goût.

4. Allumer l'appareil à raclette. Battre les œufs avec la crème fraîche, du sel et du poivre, et verser ce mélange sur les pommes de terre. Passer les poêlons au gril jusqu'à ce que les œufs aient pris.

4. Couper le fromage à raclette en tranches, l'ajouter dans les poêlons et les faire fondre sous le gril. Garnir de persil haché ou d'une autre herbe.

Conseil :
Pour un menu de raclette méditerranéenne, les tortillas se combinent aussi très bien avec des boulettes d'agneau (*voir* page 54) ou du chorizo (*voir* page 42).

Ingrédients
pour 4 personnes

300 g de pommes de terre
1 gros oignon
1 poivron rouge
20 g de beurre
sel et poivre
8 œufs
20 g de crème fraîche
250 g de fromage à raclette
persil fraîchement haché
   ou ciboulette, pour décorer

Condiment aux oignons
verts :
200 g de crème fleurette
100 g de fromage blanc maigre
4 oignons verts
1 bouquet de persil,
   de ciboulette ou autres herbes
½ gousse d'ail
1 cuil. à café de moutarde
sel et poivre

Endives gratinées
aux figues

Le complément fruité idéal des raclettes exotiques et méditerranéennes.

Ingrédients
pour 4 personnes

4 endives
1 cuil. à soupe de sucre
2 cuil. à soupe de beurre
1 cuil. à soupe d'huile d'olive
jus et zestes de 4 oranges
sel et poivre
4 figues
4 morceaux de fromage
  de chèvre

Garniture :
pain grillé (*voir* page 46)

1. Laver les endives et les couper en deux. Retirer le cœur et couper à nouveau en deux. Laver les figues et les couper également en deux.

2. Faire légèrement caraméliser le sucre dans une poêle, ajouter les endives avec 1 cuillerée à soupe de beurre et l'huile d'olive, et arroser avec le jus de 2 oranges. Ajouter ensuite le zeste d'une demi-orange.

3. Faire braiser les endives 5 minutes à la poêle. Saler, poivrer et retourner les endives. Ajouter les figues coupées en deux et cuire encore 3 minutes.

4. Allumer l'appareil à raclette. Retirer les endives et les figues de la poêle et les répartir dans les poêlons. Ajouter le fromage de chèvre et passer les poêlons au gril.

5. Lier le jus d'orange restant avec le reste de beurre froid. Dresser les endives, les figues et le fromage sur une assiette, et arroser de jus d'orange au beurre. Servir avec du pain grillé.

Conseil :
L'endive gratinée s'accorde très bien avec des boulettes d'agneau (*voir* page 54) ou des dés de saumon (*voir* page 66).

Champignons farcis

Pas seulement réservée aux amateurs de champignons, cette recette complète bien d'autres plats de raclette !

1. Nettoyer les champignons avec une brosse ou du papier absorbant, puis détacher les pieds des chapeaux. Trier et laver les pousses d'épinards.

2. Peler les échalotes et les couper en dés. Faire tremper les raisins secs dans de l'eau. Faire fondre un peu de beurre dans une poêle, ajouter les pignons et les échalotes, et les faire revenir. Ajouter ensuite les épinards et les raisins secs égouttés. Saler, poivrer et poursuivre la cuisson jusqu'à ce que les épinards aient fondu.

3. Allumer l'appareil à raclette. Râper le pecorino et le placer dans un bol. Saisir les tranches de lard sur la plaque du gril et les couper en lanières.

4. Placer un peu de beurre dans les poêlons, ainsi que dans les chapeaux des champignons. Placer les chapeaux dans les poêlons et les passer au gril, puis les garnir de farce aux épinards.

5. Disposer le pecorino râpé ou le fromage de chèvre frais sur les champignons farcis et passer de nouveau les poêlons au gril pour faire gratiner le fromage. Servir avec du pain grillé.

Ingrédients
pour 4 personnes

8 gros champignons
300 g de pousses d'épinard
2 petites échalotes
2 cuil. à soupe de raisins secs
2 cuil. à soupe de pignons
sel et poivre
3 cuil. à soupe de beurre
150 g de pecorino
    ou 4 morceaux de fromage
    de chèvre frais
8 tranches de lard

Garniture :
pain grillé (*voir* page 46)

Conseil :
Pour cette recette, on peut bien sûr aussi employer d'autres fromages. Couper les plus grandes variétés de champignons en tranches – des cèpes ou des pleurotes, par exemple –, les saisir sur la plaque du gril avec un peu de beurre et les déposer en couches dans les poêlons avec les épinards.

Légumes exotiques
au yaourt

Plaisir divin pour les végétariens, mais très bons aussi avec du poisson ou de la viande.

Ingrédients
pour 4 personnes

3 carottes
100 g de pois mangetout
1 courgette
100 g de mini-épis de maïs
2 petits oignons
2 branches de céleri
1 piment
20 g de racine de gingembre
2 gousses d'ail
2 cuil. à soupe d'huile
  d'arachide
150 g de pousses de soja
1 cuil. à café de curry
1 cuil. à café de cassonade
1 cuil. à soupe d'huile
  de sésame
jus d'un demi-citron vert
1 petit bouquet de coriandre

Condiment au yaourt :

50 g de cacahuètes
250 g de yaourt
100 g de crème fraîche
jus d'un citron
1 cuil. à café de curry
sel et poivre
1 cuil. à soupe de raisins secs

1. Peler les carottes et les tailler en fins bâtonnets. Couper les pois mangetout en lanières. Laver la courgette et la couper en dés. Couper les épis de maïs en deux. Peler les oignons et les couper en fines tranches. Détailler le céleri en dés. Épépiner le piment et le hacher finement avec le gingembre et l'ail.

2. Pour le condiment, hacher les cacahuètes et les faire griller brièvement. Mélanger le yaourt, la crème fraîche et le jus de citron, ajouter la poudre de curry, du sel et du poivre, puis incorporer la moitié des cacahuètes et les raisins secs.

3. Allumer l'appareil à raclette. Faire griller les légumes, l'ail, le piment et le gingembre avec de l'huile d'arachide sur la plaque du gril environ 5 minutes en les retournant de temps en temps. Ajouter les pousses de soja et mouiller avec la sauce de soja. Assaisonner avec le curry, le sucre, l'huile de sésame et le jus de citron vert.

4. Dresser les légumes sur une assiette et parsemer de coriandre et des cacahuètes restantes.

Conseil :

Dans les poêlons, on peut faire fondre séparément du fromage de chèvre et l'étaler sur les légumes cuits. Ces légumes devraient toujours faire partie d'une soirée raclette exotique et se marient très bien avec le poulet au curry (*voir* page 58) ou les dés de saumon (*voir* page 66).

Gratins de chou-fleur
et de chou romanesco

Une recette dans laquelle les choux se déclinent dans toutes leurs saveurs.

1. Laver le chou-fleur et le chou romanesco, les blanchir à l'eau bouillante salée et les rafraîchir à l'eau courante. Égoutter.

2. Pour le gratin de chou-fleur, faire fondre le beurre dans une casserole, ajouter la farine et cuire sans cesser de remuer jusqu'à ce que le mélange prenne une couleur jaune pâle. Verser ensuite progressivement le lait et laisser frémir le mélange 10 minutes à feu doux sans cesser de remuer, jusqu'à obtention d'une béchamel onctueuse.

3. Râper le fromage et l'ajouter dans la casserole avec la crème fraîche et le zeste d'orange. Saler, poivrer et ajouter la noix muscade.

4. Allumer l'appareil à raclette. Pour le gratin de romanesco, couper le lard en fines lanières et le faire revenir brièvement sur la plaque du gril. Passer rapidement les feuilles de sauge dans la graisse fondue restée sur la plaque et les réserver avec le lard. Émietter le pain sec et le faire griller sur la plaque.

5. Déposer le chou-fleur et le chou romanesco séparément dans les poêlons. Napper le chou-fleur de chou-fleur. Couper le munster en morceaux et l'ajouter au chou romanesco avec le lard et la sauge. Saler et poivrer.

6. Passer les poêlons au gril pour faire gratiner. Faire griller les amandes effilées dans un peu de beurre. Avant de servir, garnir les fleurettes de chou-fleur d'amandes effilées et les fleurettes de chou romanesco de miettes de pain grillées.

**Ingrédients
pour 4 personnes**

Gratin de chou-fleur :
300 g de fleurettes de chou-fleur
1 cuil. à soupe de beurre,
   un peu plus pour la cuisson
1 cuil. à soupe de farine
250 ml de lait
80 g de fromage de montagne
80 g de crème fraîche
jus et zeste d'une orange bio
sel et poivre
1 pincée de noix muscade
   fraîchement râpée
20 g d'amandes effilées

Gratin de chou romanesco :
300 g de fleurettes de chou
   romanesco
100 g de lard
8 feuilles de sauge
½ petit pain sec
80 g de munster
sel et poivre

Salsifis
et fromage frais

Le salsifis fait son grand retour dans cette savoureuse variante de raclette.

Ingrédients
pour 4 personnes

500 g de salsifis
1 cuil. à soupe de vinaigre
   ou jus d'un citron
3 carottes
½ branche de céleri
8 tranches de lard
2 tranches de pain noir
1 cuil. à soupe de beurre
2 cuil. à soupe d'huile d'olive
4 fromages frais au lait
   de vache
sel et poivre
½ cuil. à café de graines
   de carvi

Garniture :
salade de mâche
   (*voir* page 88)

1. Brosser soigneusement les salsifis à l'eau courante (mettre des gants car les salsifis noircissent les mains). Les peler, les couper en tronçons de 5 à 10 cm et les plonger dans de l'eau vinaigrée ou citronnée de sorte qu'ils ne noircissent pas. Peler les carottes et les couper avec le céleri en morceaux de même longueur.

2. Allumer l'appareil à raclette. Faire griller le lard sur la plaque du gril. Couper le pain noir en dés et le faire griller avec le beurre dans la graisse du lard.

3. Blanchir les salsifis 3 à 4 minutes à l'eau bouillante salée, puis les plonger dans de l'eau froide et bien les égoutter. Les faire revenir sur la plaque du gril dans l'huile d'olive jusqu'à ce qu'ils soient uniformément dorés.

4. Placer les fromages dans les poêlons et les faire fondre sous le gril.

5. Assaisonner les salsifis avec du sel, du poivre et les graines de carvi, puis les dresser dans les assiettes avec les croûtons de pain noir. Napper les légumes de fromage fondu.

Quesadillas et condiment à l'avocat

Ce plat convient très bien lors d'une soirée raclette méditerranéenne et plaira aussi aux enfants.

1. Pour le condiment, couper les avocats en deux, les dénoyauter et les peler, puis écraser la chair à la fourchette. Laver la tomate, l'épépiner et la tailler en dés. Couper les oignons verts en fines rondelles. Mélanger tous les ingrédients du condiment.

2. Pour des quesadillas aux épinards, trier et laver les feuilles d'épinards. Peler l'échalote et la hacher finement. Râper le cheddar. Faire revenir brièvement les épinards et l'échalote dans le beurre, et ajouter la tomate concassée et le fromage. Saler et poivrer. Assembler 4 quesadillas deux par deux avec cette farce aux épinards.

3. Pour les quesadillas au jambon, couper le jambon en lanières, la mozzarella en dés et les oignons verts en fines rondelles. Mélanger ces ingrédients, saler et poivrer. Assembler les tortillas restantes deux par deux avec la farce au jambon.

4. Allumer l'appareil à raclette. Poser les quesadillas sur la plaque du gril et les cuire 5 minutes de chaque côté, jusqu'à ce que le fromage commence à fondre. Couper le citron vert en quartiers. Retirer les quesadillas de la plaque, les couper en quatre et les arroser de jus de citron vert. Dresser sur une assiette et servir avec le condiment à l'avocat.

Conseil :
Dans les poêlons, on peut faire fondre séparément des tranches de cheddar dont on nappera les quesadillas grillées.

Ingrédients
pour 4 personnes

300 g de petites tortillas de blé
(8 pièces)

Garniture :

300 g de pousses d'épinard
1 échalote
150 g de cheddar
1 cuil. à soupe de beurre
80 g de tomates concassées
en boîte
sel et poivre
8 tranches de jambon de Paris
250 g de mozzarella
1 botte d'oignons verts
1 citron vert

Condiment à l'avocat :

2 avocats bien mûrs
1 tomate
2 oignons verts
sel et poivre
jus d'un demi-citron vert
1 cuil. à soupe d'huile d'olive

Raclette de ravioles
aux oignons frits

Les enfants apprécient ce plat, qui nécessite peu de préparation.

**Ingrédients
pour 4 personnes**

480 g de ravioles (8 pièces)
3 oignons
4 cuil. à soupe de farine
1 cuil. à café de paprika
150 ml d'huile de tournesol
1 cuil. à soupe d'huile d'olive
4 oignons verts
150 g d'emmental
sel et poivre

Garniture :

salade de cresson
  (*voir* page 88)

1. Cuire les ravioles 10 minutes à l'eau bouillante salée.

2. Peler les oignons et les couper en rondelles. Mélanger la farine et le paprika, puis passer les rondelles d'oignons dans ce mélange. Secouer ensuite les rondelles pour ôter l'excédent de farine. Dans une poêle, chauffer l'huile de tournesol, ajouter les rondelles d'oignons et les faire revenir jusqu'à ce qu'elles soient dorées.

3. Allumer l'appareil à raclette et enduire la plaque du gril d'huile d'olive. Nettoyer les oignons verts et les couper en deux dans le sens de la longueur. Couper les ravioles en tranches de 1 cm et les saisir rapidement avec les oignons verts des deux côtés sur la plaque du gril.

4. Couper l'emmental en tranches. Placer les oignons verts et les ravioles dans les poêlons, garnir de fromage et passer les poêlons au gril.

5. Racler les ravioles gratinées à l'aide des spatules en bois et les dresser sur les assiettes. Garnir de rondelles d'oignons et servir accompagné d'une salade de cresson.

Conseil :

On peut aussi employer d'autres types de pâtes, soit gratinées avec du fromage dans les poêlons soit grillées sur la plaque du gril dans du beurre jusqu'à ce qu'elles soient croustillantes.

Viandes, volailles et poissons

L'association de viande ou de poisson avec du fromage fondu et des légumes gratinés est un vrai régal pour les papilles. Coupés en petits morceaux, viandes et poissons se préparent directement sur la plaque du gril ou sur la pierre chaude, avant d'être additionnés de fromage…

Chorizo
à l'aïoli

Le chorizo est une spécialité espagnole incontournable dans une raclette méditerranéenne.

Ingrédients
pour 4 personnes

400 g de pommes de terre
1 cuil. à soupe d'huile d'olive
4 chorizos de 100 g
4 petits oignons rouges
4 poivrons verts
80 g de fromage à raclette
80 g de manchego

Aïoli :
5 gousses d'ail
3 jaunes d'œufs
1 cuil. à soupe de moutarde
    forte
sel et poivre blanc
250 ml d'huile d'olive
½ cuil. à soupe de jus
    de citron

1. Pour préparer l'aïoli, les ingrédients doivent être à température ambiante. Peler l'ail et le presser. Dans un bol, mélanger le jaune d'œuf avec l'ail, la moutarde, du sel et du poivre. Verser ensuite l'huile goutte à goutte, puis en mince filet continu sans cesser de battre. Pour finir, ajouter le jus de citron.

2. Cuire les pommes de terre 20 minutes à l'eau bouillante salée. Les égoutter, les peler et les couper en deux.

3. Allumer l'appareil à raclette et huiler la plaque du gril. Couper les chorizos en deux dans le sens de la longueur et les cuire avec les demi-pommes de terre, les oignons pelés et le poivron sur la plaque.

4. Couper le fromage en tranches. Placer les chorizos et les pommes de terre dans les poêlons, garnir de fromage à raclette et de manchego, et passer au gril pour faire gratiner.

5. Transférer le contenu des poêlons dans les assiettes et servir accompagné de poivron, d'oignons et d'aïoli.

Conseil :
Si l'on trouve le chorizo trop épicé, on peut aussi utiliser une autre sorte de saucisse sèche. Le chorizo s'accorde très bien avec des tacos et de la salsa de tomates (*voir* page 16) ainsi qu'avec le mélange d'aubergines et de poivrons (*voir* page 22).

Viande hachée à la purée de pommes de terre

Cette variante savoureuse de raclette est particulièrement appréciée par les enfants.

1. Pour la farce de viande hachée, peler les oignons et les carottes, et les couper en dés. Peler l'ail et le hacher finement. Faire revenir la viande hachée dans un peu d'huile avec les oignons, les carottes et l'ail. Incorporer le concentré de tomate, la feuille de laurier et les tomates concassées. Laisser frémir 30 minutes, puis saler et poivrer.

2. Pendant ce temps, cuire les pommes de terre, les peler et les écraser à la fourchette. Incorporer le beurre, puis saler et poivrer. Ajouter la noix muscade.

3. Allumer l'appareil à raclette. Remplir les poêlons de farce de viande hachée, couvrir avec la purée de pommes de terre et garnir de fromage à raclette. Passer au gril jusqu'à ce que le fromage soit fondu et doré.

4. Servir accompagné de mesclun.

Conseil :
La farce de viande hachée est un bon complément des raclettes pour les enfants, mais elle se marie aussi très bien avec des tacos et de la salsa de tomates (*voir* page 16), des chips de légumes (*voir* page 18) ou la raclette classique (*voir* page 14).

Ingrédients
pour 4 personnes

Purée de pommes de terre :
4 pommes de terre farineuses
2 cuil. à soupe de beurre
sel et poivre
1 pincée de noix muscade
   fraîchement râpée
8 tranches de fromage à raclette

Farce de viande hachée :
2 oignons
2 carottes
300 g de bœuf haché
1 gousse d'ail
huile pour la cuisson
2 cuil. à soupe de concentré
   de tomate
1 feuille de laurier
300 g de tomates concassées
   en boîte
sel et poivre

Garniture :
mesclun (*voir* page 89)

Jambon gratiné
aux asperges vertes

Simple et rapide. Les végétariens supprimeront seulement le jambon.

Ingrédients
pour 4 personnes

1 botte de jeunes asperges vertes
sel
1 pincée de sucre
150 g de fromage à raclette
1 baguette
4 cuil. à soupe d'huile d'olive
8 tranches de jambon Serrano

Condiment au yaourt :
1 botte de ciboulette
250 g de yaourt
100 g de crème fraîche
jus d'un citron
sel et poivre

1. Blanchir rapidement les asperges à l'eau bouillante salée avec une pincée de sucre, puis les plonger dans de l'eau glacée. Couper la baguette et le fromage à raclette en tranches.

2. Pour le condiment au yaourt, laver la ciboulette et la hacher finement. Mélanger le yaourt avec la crème fraîche et le jus de citron. Saler, poivrer et incorporer la ciboulette.

3. Allumer l'appareil à raclette. Badigeonner les asperges d'un peu d'huile d'olive et les faire revenir rapidement sur la plaque du gril. Enduire également les tranches de pain avec de l'huile et faire griller chaque face également sur la plaque.

4. Placer le pain grillé dans les poêlons et le garnir d'asperges, de jambon et de fromage à raclette. Passer les poêlons au gril jusqu'à ce que le fromage ait fondu. Il est également possible de faire fondre le fromage à part et d'en napper les ingrédients dressés préalablement dans les assiettes.

Conseil :
Le jambon et les asperges sont un délicieux complément de la raclette classique (*voir* page 14) et peuvent se combiner agréablement avec les chips de légumes (*voir* page 18).

Œufs brouillés, jambon et champignons

Une raclette que l'on pourra servir pour le petit-déjeuner dominical ou le brunch.

1. Nettoyer les champignons avec une brosse ou du papier absorbant et les couper en deux ou en quatre, selon leur taille. Battre les œufs avec la crème fraîche, du sel, du poivre et le persil haché. Couper le fromage en dés et l'incorporer au mélange à base d'œufs.

2. Allumer l'appareil à raclette. Huiler la plaque du gril et y faire revenir les champignons et le lard.

3. Verser le mélange à base d'œufs dans les poêlons et le passer au gril jusqu'à ce qu'il prenne sans cesser de remuer à l'aide des petites spatules en bois.

4. Il est également possible de préparer une omelette sur la plaque chaude. Pour cela, faire fondre le fromage à part et le verser au dernier moment sur l'omelette.

5. Dresser les œufs brouillés dans les assiettes et les servir avec le lard et les champignons, accompagnés de pain grillé.

Conseil :
Les œufs brouillés sont très appréciés des enfants et conviennent donc bien pour une raclette destinée à ces derniers (*voir* page 93). Ils peuvent aussi être combinés à beaucoup d'autres variantes de raclette, par exemple la raclette classique (*voir* page 14), les champignons farcis (*voir* page 28) ou les endives gratinées (*voir* page 26).

Ingrédients
pour 4 personnes

200 g de champignons
8 œufs
50 g de crème fraîche
sel et poivre
1 petit bouquet de persil, haché
100 g de gouda
8 tranches de lard
1 cuil. à soupe d'huile

Garniture :
pain grillé (*voir* page 46)

Tartines au pâté de foie et fromage à raclette

Une variante de raclette rustique, qui se savoure aussi avec un bon pain de campagne.

**Ingrédients
pour 4 personnes**

8 tranches de pain de seigle
  ou de pain noir
1 cuil. à soupe d'huile
¼ de concombre
400 g de pâté de foie
sel et poivre
4 tranches de fromage à raclette

Garniture :
salade de cresson (*voir* page 88)

1. Allumer l'appareil à raclette. Découper le pain de seigle en morceaux de dimensions adaptées aux poêlons. Le badigeonner d'huile et le faire griller sur la plaque du gril.

2. Laver le concombre et le couper en fines tranches. Tartiner le pain grillé d'une couche épaisse de pâté de foie, placer les tartines dans les poêlons et les garnir de deux tranches de concombre. Saler et poivrer.

3. Disposer le fromage à raclette sur le tout et passer les poêlons au gril. Servir accompagné de salade de cresson.

Conseil :
Le choix de pâté ou de mousse de foie pour la garniture est une question de goût. Les possibilités de préparer un casse-croûte avec des variétés de fromage fondu et différentes sortes de pain sont illimitées. Concentré de tomate et herbes fraîches feront un complément savoureux à ces tartines.

Échine de porc
et chapelure au fromage

Les côtes de porc se marient bien avec la raclette classique, elles doivent être épicées et cuites sur la pierre.

1. Pour la compote, laver les prunes, les couper en quatre et les dénoyauter. Couper enfin les quartiers en deux. Faire caraméliser le sucre dans une casserole, ajouter les fruits et verser aussitôt le porto et le vin blanc. Cuire 3 minutes à gros bouillons. Retirer ensuite les fruits du sirop et les réserver. Faire réduire le sirop et y incorporer le beurre. Remettre les fruits dans la casserole en veillant à ne pas laisser bouillir. Faire griller les fruits secs dans une poêle et les incorporer à la compote.

2. Pour la chapelure au fromage, râper l'emmental. Peler les échalotes et les hacher finement. Hacher également le persil. Battre le beurre en crème et y incorporer la chapelure, le fromage râpé, le persil et les échalotes. Saler et poivrer.

3. Allumer l'appareil à raclette. Découper les côtes d'échine en morceaux de dimensions adaptées à la taille des poêlons. Elles peuvent aussi être coupées en dés ou en lanières. Les badigeonner avec de l'huile, saler et poivrer. Cuire la viande sur la plaque du gril.

4. Placer les côtes cuites dans les poêlons et répartir le mélange de chapelure dessus en pressant légèrement. Passer les poêlons au gril jusqu'à ce que la chapelure soit dorée.

Conseil :
Les steaks de porc s'accordent bien avec les chips de légumes (*voir* page 18) et la tortilla aux pommes de terre (*voir* page 24).

**Ingrédients
pour 4 personnes**

4 côtes d'échine de porc
1 cuil. à soupe d'huile
sel et poivre

Chapelure au fromage :
60 g d'emmental
2 petites échalotes
1 petit bouquet de persil
40 g de beurre, ramolli
100 g de chapelure
sel et poivre

Compote :
8 prunes jaunes
3 cuil. à soupe de sucre
80 ml de porto
100 ml de vin blanc
1 cuil. à soupe de beurre
150 g d'un mélange de fruits
   secs (cacahuètes, noix
   du Brésil, noix de cajou,
   amandes)

Boulettes d'agneau
au bleu

D'inspiration grecque, cette recette est incontournable dans une raclette méditerranéenne!

**Ingrédients
pour 4 personnes**

1 petit pain sec
80 ml de lait tiède
500 g d'agneau haché
2 échalotes
2 gousses d'ail
2 brins de thym
2 cuil. à café de moutarde
1 œuf
sel et poivre
1 pincée de cumin en poudre
1 pincée de paprika
beurre clarifié
150 g de bleu

Garniture:
pain grillé (*voir* page 46)

1. Couper le pain sec en dés, ajouter le lait et laisser tremper 10 minutes. Presser la masse de pain pour l'essorer, puis l'incorporer à la viande hachée.

2. Peler et hacher finement les échalotes et l'ail. Hacher le thym. Incorporer les échalotes, l'ail, le thym et la moutarde à la viande hachée, puis bien malaxer le tout avec les mains.

3. Assaisonner la viande hachée avec du sel, du poivre, la poudre de cumin et de paprika. Façonner des boulettes.

4. Allumer l'appareil à raclette. Chauffer un peu de beurre clarifié sur la plaque du gril, ajouter les boulettes et les faire revenir 10 minutes de chaque côté.

5. Disposer les boulettes cuites dans les poêlons. Couper le bleu en fines tranches et le poser dessus. Passer les poêlons au gril jusqu'à ce que le fromage ait fondu. Servir accompagné de pain grillé.

Conseil:
Les boulettes d'agneau sont délicieuses avec des chips de légumes (*voir* page 18), de la tortilla aux pommes de terre (*voir* page 24) ou des aubergines et des poivrons (*voir* page 22).

Canard aux tomates rôties et camembert

Cette recette sucrée-salée est idéale pour une soirée raclette exotique.

1. Pour les tomates rôties, laver soigneusement les tomates, mélanger avec l'huile, le romarin, le sel, du poivre et la pulpe de vanille. Placer le tout dans un plat à gratin et cuire 1 heure à 160 °C (th. 5-6). Sortir le plat du four et assaisonner à nouveau.

2. Allumer l'appareil à raclette. Inciser le gras du magret en croisillons, puis assaisonner les deux faces avec du gros sel et du poivre. Disposer le magret sur la plaque du gril, face incisée vers le bas, et le cuire 10 minutes. Le retourner et le cuire encore 5 minutes. L'envelopper de papier aluminium et le laisser reposer. Le magret de canard doit rester rosé.

3. Disposer des tranches de pain sur la plaque de gril et le faire griller dans le gras du magret.

4. Couper le magret en tranches et les placer dans les poêlons. Couper le camembert en tranches également et le répartir sur le magret. Passer les poêlons au gril jusqu'à ce que le fromage ait fondu.

Conseil :
On peut préparer une plus grande quantité de tomates rôties, car elles se conservent plusieurs jours dans un bocal.

Ingrédients
pour 4 personnes

1 magret de canard
gros sel et poivre
200 g de camembert

Tomates rôties :
400 g de tomates cerises jaunes
50 ml d'huile d'olive
4 brins de romarin
1 cuil. à café de sel
1 cuil. à soupe de sucre
poivre
pulpe d'une gousse de vanille

Garniture :
pain grillé (*voir* page 46)

Poulet au curry, à l'ananas et au pesto de coriandre

Pour une soirée raclette exotique sur le gril ou la pierre chaude.

Ingrédients
pour 4 personnes

400 g de blanc de poulet
1 cuil. à soupe d'huile,
    un peu plus la cuisson
1 cuil. à soupe de curry
1 cuil. à café de poudre
    de piment
1 gousse d'ail, hachée
sel
2 petits oignons rouges
1 cuil. à soupe d'amandes
    effilées

Chutney d'ananas :
½ ananas pas trop mûr
1 oignon
1 piment
1 cuil. à soupe de gingembre râpé
huile
50 ml de rhum
100 g de sucre brun
100 ml de vinaigre de cidre
1 cuil. à soupe de raisins secs

Pesto de coriandre :
1 bouquet de coriandre
2 gousses d'ail
100 g d'amandes mondées
100 g d'huile d'olive
50 g de parmesan
sel et poivre

1. Rincer les blancs de poulet, les sécher et les couper en dés. Peler l'ail et le hacher finement. Dans un bol, mélanger l'huile, le curry, la poudre de piment, l'ail et le sel, puis ajouter le poulet et le laisser mariner.

2. Pour le chutney, peler l'ananas, retirer les yeux et le cœur, et couper la chair en dés. Peler l'oignon et le tailler en dés. Épépiner le piment et le hacher finement. Faire revenir l'oignon, le piment et le gingembre dans un peu d'huile, ajouter l'ananas, le rhum, le sucre brun, le vinaigre de cidre et les raisins secs, et laisser mijoter 15 minutes, jusqu'à épaississement.

3. Pour le pesto, laver la coriandre et la hacher finement. Peler l'ail et le hacher finement. Râper le parmesan. Mélanger tous les ingrédients et les réduire en purée dans un robot de cuisine. Saler et poivrer.

4. Allumer l'appareil à raclette. Déposer les morceaux de poulet marinés sur la plaque du gril et les faire revenir jusqu'à ce qu'ils soient uniformément dorés. Peler les oignons rouges et les couper en très fines rondelles. Faire griller les amandes effilées dans un peu d'huile.

5. Servir les dés de poulet au curry avec le chutney, le pesto, les amandes et les rondelles d'oignon.

Conseil :
Dans les poêlons, on peut faire fondre du gouda et en napper le poulet cuit.

Crevettes
et leur sauce au poivre

Des crevettes grillées appétissantes à tremper dans une onctueuse sauce au poivre.

1. Rincer les crevettes à l'eau froide et les sécher, puis, selon son goût, les décortiquer et les déveiner.

2. Pour la sauce au poivre, peler les oignons et les couper en dés. Peler la gousse d'ail et la hacher grossièrement. Chauffer l'huile dans une poêle, ajouter les oignons et l'ail, et les faire suer. Verser ensuite le cognac et flamber. Laisser réduire 5 minutes à feu vif. Mouiller avec le fumet de poisson et laisser réduire encore 5 minutes.

3. Pour finir, incorporer le poivre vert et la crème fraîche, et porter brièvement à ébullition. Saler et poivrer.

4. Allumer l'appareil à raclette. Badigeonner les crevettes d'huile, puis les saler et les poivrer. Couper le citron en rondelles et le faire griller avec le romarin et les crevettes sur la plaque du gril.

5. Arroser les crevettes et la sauce au poivre de jus du citron grillé et servir accompagné de pain grillé et de salade de tomates.

Conseil :
Dans un menu exotique, les crevettes se combinent très bien avec les chips de légumes (*voir* page 18) ou des légumes exotiques (*voir* page 30).

Ingrédients
pour 4 personnes

16 crevettes crues
huile
1 citron
1 brin de romarin

Sauce au poivre :

1 gros oignon
1 gousse d'ail
huile de tournesol
200 ml de cognac
100 ml de fumet de poisson
2 cuil. à soupe de poivre vert
    au vinaigre
100 g de crème fraîche
sel et poivre

Garniture :

pain grillé (*voir* page 46)
salade de tomates (*voir* page 88)

Truite saumonée
aux artichauts

Ce plat de poisson est idéal pour une soirée raclette à la mode méditerranéenne.

Ingrédients
pour 4 personnes

4 artichauts de 400 g
4 rondelles de citron
800 g de truite saumonée
sel et poivre
huile
1 cuil. à soupe de jus de citron
1 cuil. à soupe de beurre

Condiment au fromage
blanc :

1 petit bouquet d'aneth
150 g de fromage blanc
150 g de crème fleurette
jus et zeste râpé d'un citron
sel et poivre

Garniture :

pain grillé (*voir* page 46)
salade de concombres
  (*voir* page 89)

1. À l'aide d'un couteau tranchant, ôter les pointes des feuilles des artichauts, raccourcir la tige et éliminer les feuilles externes les plus coriaces. Couper les artichauts en quatre. Enfin, retirer le foin des quartiers d'artichaut à l'aide d'un petit couteau. Placer les rondelles de citron dans un bol d'eau et y plonger les quartiers d'artichauts pour éviter qu'ils noircissent.

2. Pour le condiment, laver et hacher l'aneth. Mélanger le fromage blanc, la crème fleurette et le jus de citron. Si le fromage blanc est trop ferme, le fluidifier avec un peu d'eau minérale. Ajouter l'aneth, saler et poivrer.

3. Rincer la truite saumonée à l'eau froide. Si nécessaire, la vider, retirer les arêtes et couper la chair en morceaux. Assaisonner les morceaux de truite avec du sel, du poivre et du jus de citron.

4. Allumer l'appareil à raclette. Badigeonner les quartiers d'artichauts d'huile d'olive et les faire griller sur la plaque du gril.

5. Placer les morceaux de poisson dans les poêlons, ajouter du beurre et passer 7 minutes au gril, jusqu'à ce que le poisson soit cuit. Il est également possible de cuire le poisson sur la plaque du gril.

6. Dresser la truite et les artichauts sur des assiettes chaudes. Servir accompagné de salade de concombres et de pain grillé.

Röstis aux trois fromages
et au saumon

Les röstis au fromage ! Le plat qui régale les enfants.

1. Peler les pommes de terre et les râper grossièrement. Peler les oignons et les couper en dés. Mélanger les pommes de terre râpées, la noix muscade, du sel et du poivre, et laisser reposer 5 minutes. Enfermer le mélange dans un torchon et presser pour en extraire le jus. Incorporer les dés d'oignon.

2. Allumer l'appareil à raclette. Chauffer du beurre clarifié sur la plaque du gril, y déposer des petites portions du mélange et les faire cuire 8 à 10 minutes de chaque côté.

3. Couper le fromage en tranches. Placer les röstis cuits dans les poêlons, les garnir d'une tranche de fromage à raclette, de cheddar ou de camembert, et passer les poêlons au gril jusqu'à ce que le fromage ait fondu.

4. Dresser les rösti dans les assiettes avec des tranches de saumon. Servir accompagné d'une salade de tomates et fromage blanc aux herbes.

Conseil :

On peut remplacer le saumon par de la confiture d'airelles. Ce plat convient bien pour une raclette destinée aux enfants, mais s'accorde aussi avec d'autres recettes de raclettes, comme les œufs brouillés (*voir* page 48) ou les champignons farcis (*voir* page 28).

Ingrédients
pour 4 personnes

600 g de pommes de terre
 farineuses
1 oignon
1 pincée de noix muscade râpée
sel et poivre
beurre clarifié
100 g de fromage à raclette
100 g de cheddar
100 g de camembert
300 g de saumon fumé
 en tranches

Garniture :
salade de tomates (*voir* page 88)
fromage blanc aux herbes
 (*voir* page 89)

Saumon en croûte de sésame et salade asiatique

Ce plat typiquement asiatique convient parfaitement à un menu de raclette exotique.

Ingrédients
pour 4 personnes

800 g de filet de saumon
jus d'un citron vert
sel et poivre
2 piments rouges
6 cuil. à soupe de graines
    de sésame blanc
huile

Salade asiatique :
250 g de fines nouilles de riz
100 g de chou chinois
1 poivron rouge
100 g de pois mangetout
50 g de mini-épis de maïs
100 g de pousses de soja
1 branche de céleri
1 gousse d'ail
1 piment rouge
jus de 2 citrons verts
4 cuil. à soupe d'huile
    de sésame
4 cuil. à soupe de sauce de soja
1 cuil. à café de sucre brun
1 cuil. à café de gingembre
    fraîchement râpé

Garniture :
pain grillé (*voir* page 46)
mayonnaise au citron vert
    (*voir* page 91)

1. Rincer le saumon, le sécher et le couper en bandes de 2 cm d'épaisseur ou en dés. L'arroser de jus de citron vert, puis le saler et le poivrer. Épépiner les piments, les hacher et les mélanger avec les graines sésame. Passer le saumon dans ce mélange.

2. Pour la salade asiatique, préparer les nouilles de riz selon les instructions figurant sur le paquet. Nettoyer les légumes. Couper le chou chinois, le poivron, les pois mangetout et le céleri en fines lanières, puis couper les mini-épis de maïs en deux. Placer le tout dans un saladier, ajouter les pousses de soja et bien mélanger.

3. Peler les gousses d'ail et les hacher finement. Épépiner les piments et les hacher finement. Mélanger le jus de citron vert, l'huile de sésame, la sauce de soja, le sucre brun, le gingembre, l'ail et le piment, et verser la sauce ainsi obtenue dans le saladier. Mélanger, puis rectifier l'assaisonnement.

4. Allumer l'appareil à raclette et huiler la plaque du gril. Faire revenir le saumon sur la plaque jusqu'à ce qu'il soit doré uniformément. Le dresser dans les assiettes avec la salade asiatique. Servir accompagné de pain grillé et de mayonnaise au citron vert.

Conseil :
Délicieux avec les légumes exotiques (*voir* page 30) ou des chips de légumes (*voir* page 18).

Dés de cabillaud gratinés

La pomme de terre en robe des champs est transformée ici en pomme de terre sautée.

1. Allumer l'appareil à raclette. Laver les pommes de terre et les cuire avec la peau 20 minutes à l'eau bouillante salée. Les peler ou non, et les réserver au chaud.

2. Laver la salicorne et la blanchir rapidement à l'eau bouillante non salée.

3. Râper le gouda. Mélanger le raifort et le fromage frais. Saler et poivrer légèrement.

4. Couper le cabillaud en morceaux, puis le saler, le poivrer et l'arroser de jus de citron. Placer un peu de beurre dans les poêlons et les poser brièvement sur la plaque du gril pour faire fondre le beurre.

5. Retirer les poêlons de la plaque, répartir des morceaux de poisson dedans et ajouter la salicorne. Arroser de vin blanc. Étaler le mélange de fromage frais sur les morceaux de poisson et passer les poêlons gril jusqu'à ce que le poisson soit gratiné.

6. Pendant ce temps, couper les pommes de terre en rondelles. Huiler la plaque du gril et y faire sauter les pommes de terre sur chaque face. Saler et poivrer, et servir avec le poisson.

Conseil :
Les dés de cabillaud complètent très bien la raclette classique (*voir* page 14).

**Ingrédients
pour 4 personnes**

400 g de pommes de terre
100 g de salicorne
100 g de gouda
250 g de fromage frais
4 cuil. à soupe de raifort
   en bocal
sel et poivre
500 g de cabillaud
jus d'un demi-citron
beurre
50 ml de vin blanc
huile

Bâtonnets de poisson
en raclette

Rapide à préparer et délicieux... Les enfants apprécieront ce plat en complément de la raclette classique.

Ingrédients
pour 4 personnes

360 g de bâtonnets de poisson
  surgelés (12 pièces),
  décongelés
huile
8 tranches de pain de mie
1 cuil. à soupe de beurre
150 g de fromage à raclette
2 citrons, coupés en quartiers

Sauce rémoulade :

1 œuf
1 gros cornichon
1 petit oignon
1 cuil. à soupe de câpres
50 g de persil frais
300 ml de mayonnaise
4 cuil. à soupe de yaourt
2 cuil. à soupe de saumure
  prélevée dans le bocal
  des cornichons
sel et poivre

1. Pour la sauce rémoulade, cuire l'œuf 8 à 10 minutes à l'eau bouillante. Hacher finement l'œuf, le cornichon, l'oignon, les câpres et le persil. Mélanger la mayonnaise et le yaourt, puis ajouter à ce mélange tous les autres ingrédients de la sauce.

2. Allumer l'appareil à raclette. Huiler la plaque du gril et y faire dorer les bâtonnets de poisson sur chaque face.

3. Beurrer les tranches de pain de mie et les faire également griller sur la plaque sur chaque face.

4. Enduire généreusement le pain grillé de sauce rémoulade et garnir avec les bâtonnets de poisson.

5. Couper le fromage en tranches. Placer les tranches de fromage dans les poêlons et les passer au gril jusqu'à ce qu'elles aient fondu. Dresser les bâtonnets de poisson dans les assiettes, les napper de fromage fondu et servir avec des quartiers de citron et de la rémoulade.

Conseil :
Si l'on veut composer une raclette pour les enfants, les bâtonnets de poisson sont indispensables (*voir* page 93).

Fruits :
raclettes épicées et sucrées

La raclette permet de combiner à merveille
fromages et fruits. Si les enfants partagent votre repas,
remplacez l'alcool par du jus de fruit.

Pommes au calvados et au camembert

La combinaison de fruit et de fromage est à la fois simple à préparer et délicieuse.

Ingrédients
pour 4 personnes

4 pommes acides
jus d'un demi-citron
80 ml de calvados
2 cuil. à soupe de beurre
4 cuil. à soupe de confiture
   d'airelles
150 g de camembert

Garniture :
pain de seigle grillé
   (*voir* page 50)

1. Laver soigneusement les pommes, les épépiner et les couper en tranches de 1 cm d'épaisseur. Les enduire de jus de citron pour qu'elles ne noircissent pas.

2. Plonger les pommes dans le calvados 30 à 45 minutes. Allumer l'appareil à raclette. Faire griller les tranches de pomme de chaque côté sur la plaque du gril dans du beurre jusqu'à ce qu'elles soient un peu dorées.

3. Déposer 2 à 3 tranches de pommes dans chaque poêlon et ajouter un peu de confiture d'airelles dessus. Couper le camembert en tranches et en ajouter 2 à 3 tranches dans les poêlons. Passer les poêlons au gril, jusqu'à ce que le fromage soit gratiné. Servir accompagné pain de seigle grillé.

Conseil :

On peut remplacer les pommes par des poires et le calvados par un autre alcool. Si des enfants participent au repas, il vaut mieux tremper les fruits dans du jus de pomme ou de poire et offrir un fromage plus doux pour gratiner.
Ce plat est une bonne conclusion fruitée de la soirée raclette méditerranéenne (*voir* page 94).

Ananas
et pesto de menthe

Exotique et rafraîchissant.

1. Peler l'ananas, puis le couper en demi-tranches en retirant soigneusement les yeux et le cœur.

2. Pour le pesto à la menthe, effeuiller les brins de menthe et réduire les feuilles en purée dans un robot de cuisine avec tous les autres ingrédients du pesto.

3. Battre le jaune d'œuf avec le sucre au bain-marie jusqu'à obtention d'un mélange crémeux, puis continuer à battre hors du bain-marie. Fouetter la crème fraîche et l'incorporer.

4. Allumer l'appareil à raclette. Étaler la noix de coco râpée dans les poêlons et la passer au gril jusqu'à ce qu'elle soit dorée. Remuer de temps en temps à l'aide des petites spatules en bois.

5. Faire griller les morceaux d'ananas sur chaque face sur la plaque du gril. Déposer les morceaux dans les poêlons, les couvrir avec le mélange à base de jaune d'œuf et passer au gril 5 à 7 minutes, jusqu'à ce que la crème soit gratinée.

6. Servir l'ananas grillé saupoudré de noix de coco et accompagné de pesto à la menthe.

Conseil :
L'ananas peut très bien être préparé pour une raclette destinée aux plus jeunes (*voir* page 93).

Ingrédients
pour 4 personnes

1 ananas
3 jaunes d'œufs
4 cuil. à soupe de sucre
150 g de crème fraîche
80 g de noix de coco râpée

Pesto à la menthe :
2 bouquets de menthe
2 cuil. à soupe de sucre brun
2 cuil. à soupe de pistaches
  mondées
100 ml d'huile d'olive
jus et zeste râpé d'une orange

Poires
au chocolat

Cette variante sucrée de raclette constitue un merveilleux dessert.

Ingrédients
pour 4 personnes

4 poires William ou en boîte
4 cuil. à soupe de beurre,
  un plus un peu pour
  la cuisson
200 g de mascarpone

Sauce au chocolat :
125 g de chocolat noir
3 cuil. à soupe d'eau
1 sachet de sucre vanillé
2 cuil. à soupe de crème fraîche
1 cuil. à soupe de beurre

Garniture :
chouquettes ou gâteaux secs

1. Pour la sauce, casser le chocolat en morceaux et le faire fondre avec l'eau et le sucre vanillé 2 à 3 minutes sans cesser de remuer. Incorporer la crème fraîche et le beurre.

2. Laver soigneusement les poires et les couper en quatre quartiers. Retirer éventuellement le trognon.

3. Allumer l'appareil à raclette. Beurrer uniformément les quartiers de poire et les faire rapidement griller sur la plaque du gril.

4. Étaler un peu de beurre dans chaque poêlon, ajouter les morceaux de poire et les parsemer de flocons de beurre. Passer les poêlons au gril pour achever la cuisson.

5. Répartir le mascarpone sur les assiettes, ajouter les morceaux de poire chaude dessus et arroser le tout de sauce au chocolat tiède. Servir accompagné de chouquettes ou de gâteaux secs.

Conseil :
La sauce au chocolat peut être agrémentée d'un trait de liqueur ou de rhum. Elle est aussi très bonne avec des crêpes à l'orange (*voir* page 82) et devrait faire partie – sans alcool bien sûr – d'une raclette sucrée pour les enfants (*voir* page 93).

Bananes rhum-raisin
à la ricotta

Pour des enfants, on remplacera le rhum par du jus de pommes.

1. Pour les raisins au rhum, faire caraméliser le sucre dans une casserole, ajouter le rhum et laisser réduire sans cesser de remuer. Couper les gousses de vanille en deux et en gratter la pulpe dans la casserole. Ajouter les raisins secs et cuire jusqu'à obtention d'un sirop qui nappe la cuillère.

2. Allumer l'appareil à raclette. Peler les bananes et les couper en dés, puis les saupoudrer de sucre glace. Les faire ensuite revenir sur la plaque du gril dans un peu de beurre. Faire également griller légèrement les amandes effilées.

3. Pour la crème, mélanger la ricotta, le jaune d'œuf, le sucre et la farine jusqu'à obtention d'une crème lisse, puis incorporer le jus et le zeste de citron.

4. Bien beurrer les poêlons, puis ajouter un peu de crème à la ricotta, garnir de dés de bananes et couvrir avec la crème restante.

5. Poser les poêlons sur la plaque du gril 5 minutes de façon à saisir la crème située sous les bananes, puis passer les poêlons 10 minutes au gril pour faire gratiner la crème située sur les bananes. Veiller à ce que les morceaux de banane ne brunissent pas trop.

6. Répartir les raisins au rhum sur les bananes, saupoudrer de sucre glace et parsemer d'amandes effilées. Arroser avec le sirop des raisins au rhum et servir.

Ingrédients
pour 4 personnes

4 bananes
sucre glace
30 g de beurre
20 g d'amandes effilées

Crème à la ricotta:
250 g de ricotta
2 jaunes d'œufs
60 g de sucre
1 cuil. à soupe de farine
jus et zeste râpé d'un citron

Raisins au rhum:
100 g de sucre
300 ml de rhum
2 gousses de vanille
50 g de raisins secs

Crêpes
et oranges marinées

Voici une variante de raclette fruitée et sucrée pour le dessert.

Ingrédients
pour 4 personnes

4 oranges bio
2 cuil. à soupe de sucre brun
40 ml de Cointreau
beurre

Crêpes :
250 g de farine
500 ml de lait, un peu plus
    si nécessaire
3 œufs
1 pincée de sel
beurre
20 g d'amandes effilées
sucre glace

1. Pour les crêpes, placer la farine, le lait, les œufs et du sel dans un grand bol et battre à l'aide d'un batteur électrique. La pâte doit être légèrement liquide. Laisser reposer 1 heure.

2. Pendant ce temps, préparer les oranges. Râper 2 oranges pour prélever 2 cuillerées à café de zeste et réserver. Peler ces 2 oranges et peler les quartiers à vif. Presser les 2 oranges restantes.

3. Dans une casserole, faire caraméliser le sucre et ajouter le Cointreau. Verser ensuite le jus d'orange et laisser réduire. Ajouter le zeste d'orange, puis plonger les quartiers dans le jus épaissi et réserver.

4. Bien remuer la pâte à crêpes. Si elle est trop épaisse, ajouter un peu de lait.

5. Allumer l'appareil à raclette. Beurrer la plaque du gril, et y faire cuire les crêpes de sorte qu'elles soient dorées des deux côtés. Il est également possible de cuire les crêpes à la poêle. Faire ensuite griller les amandes effilées.

6. Placer les crêpes et la sauce à l'orange dans les poêlons et les passer au gril. Servir saupoudré de sucre glace et parsemé d'amandes effilées.

Conseil :
Ces crêpes sont idéales pour une raclette destinée aux enfants (*voir* page 93), il faudra simplement remplacer le Cointreau par du jus d'orange.

Meringues
aux fruits rouges

Un délicieux dessert pour petits et grands.

1. Trier les fruits rouges, les laver et les égoutter, puis les mélanger dans un bol.

2. Découper le fond de génoise aux dimensions des poêlons, placer les morceaux dans les poêlons et les enduire de mascarpone.

3. Pour la meringue, monter les blancs d'œufs en neige ferme avec le sel et le sucre à l'aide d'un batteur électrique.

4. Allumer l'appareil à raclette. Répartir les fruits rouges dans les poêlons, les garnir de blancs en neige et les saupoudrer d'un peu de sucre. Passer les poêlons au gril.

5. Dès que la meringue est légèrement dorée, retirer les poêlons du gril. Parsemer de pistaches hachées et servir.

Conseil :
On pourra remplacer le mascarpone par un peu de liqueur. Tout type de fruits peut être ici utilisé, de même que l'on pourra omettre la génoise si les convives ne sont pas amateurs de gâteaux.

Ingrédients
pour 4 personnes

100 g de myrtilles
100 g de framboises
100 g de mûres
100 g de groseilles rouges
1 fond de génoise
100 g de mascarpone
20 g de pistaches, hachées

Meringue :
2 blancs d'œufs
1 pincée de sel
100 g de sucre, un peu plus
   pour saupoudrer

Garnitures et soirées à thème

Vous pouvez composer facilement un repas de raclette à partir des restes de la veille. Les ingrédients étant pour la plupart déjà préparés, la raclette sera très vite prête. Gratiné avec du fromage, une garniture supplémentaire ou un condiment, on crée rapidement un nouveau menu. Ou pourra également combiner différents plats pour un proposer repas à thème. Amusez-vous bien !

Salades et condiments

Salade de tomates :

4 tomates (environ 400 g)
1 petit oignon
1 botte de ciboulette
1 cuil. à soupe de vinaigre de vin
    blanc ou balsamique
sel, poivre et sucre
4 cuil. à soupe d'huile

1. Laver les tomates, les couper
en tranches et les épépiner.

2. Peler les oignons et les tailler
finement en dés. Couper finement
la ciboulette.

3. Pour la sauce, mélanger
le vinaigre, du sel, du poivre,
un peu de sucre et l'huile.

4. Dresser les tomates sur des
assiettes et les arroser de sauce.

**Salade de mâche
aux croûtons :**

200 g de mâche
2 tranches de pain de seigle
1 cuil. à soupe de beurre
2 petits oignons
2 cuil. à soupe de vinaigre
    de vin blanc
1 cuil. à soupe de vinaigre
    de framboise
2 cuil. à soupe d'huile de noix
sel et poivre

1. Laver la mâche, l'essorer
et la placer dans un saladier.

2. Couper le pain en dés et le
faire griller dans une poêle dans
du beurre.

3. Peler les oignons et les hacher
finement. Émulsionner le vinaigre
avec l'huile et ajouter les oignons,
puis saler et poivrer.

4. Disposer les croûtons sur la
salade et arroser de sauce juste
avant de servir.

Salade de cresson :

250 g de cresson
2 oignons verts
4 cuil. à soupe d'huile de tournesol
jus d'un citron
sel et poivre blanc

1. Trier le cresson et le rincer
à l'eau froide. L'essorer et
le répartir sur des assiettes.

2. Couper finement les oignons
verts et les répartir sur le cresson.

3. Pour la sauce, mélanger l'huile,
le jus de citron, du sel et du poivre.

4. Verser la sauce sur la salade
juste avant de servir.

Salade composée :
4 tomates (environ 400 g)
1 concombre
1 laitue
1 petit oignon
4 cuil. à soupe de vinaigre
     de vin blanc
sel et poivre
1 pincée de sucre
4 cuil. à soupe d'huile

1. Laver les tomates et le
concombre. Laver la salade
et l'essorer.

2. Couper les tomates
et le concombre en tranches,
et ciseler la laitue. Peler
l'oignon et le hacher.

3. Pour la sauce, mélanger
le vinaigre, du sel, du poivre,
du sucre et l'huile.

4. Dresser la salade sur les
assiettes et l'arroser de sauce.

Salade de concombres :
1 gros concombre
1 bouquet d'aneth
2 cuil. à soupe d'huile
jus d'un citron
1 pincée de sucre
sel et poivre

1. Peler le concombre et le couper
en fines rondelles, puis le placer
dans un saladier.

2. Laver l'aneth et le hacher
finement.

3. Mélanger l'huile et le jus
de citron avec l'aneth, puis ajouter
du sucre, du sel et du poivre pour
obtenir un mélange aigre-doux.

4. Verser la sauce sur le
concombre et bien mélanger.

Fromage blanc aux herbes :
150 g de fromage blanc
150 g de crème fleurette
1 petit bouquet d'aneth ou herbes
     fraîches au choix
jus et zeste râpé d'un citron
sel et poivre

1. Mélanger le fromage blanc
et la crème fleurette. Si le mélange
est trop épais, ajouter une goutte
d'eau minérale.

2. Laver et couper finement
l'aneth.

3. Incorporer l'aneth et le zeste
de citron au mélange, puis saler
et poivrer.

Salades et condiments

Chutney d'ananas :

½ ananas pas trop mûr
1 oignon
1 piment
1 cuil. à soupe de gingembre
    fraîchement râpé
huile
50 ml de rhum
100 g de sucre brun
100 ml de vinaigre de cidre
1 cuil. à soupe de raisins secs

1. Peler l'ananas et retirer les yeux
et le cœur, puis concasser la chair.

2. Peler les oignons et les tailler en
dés. Épépiner le piment et le hacher
finement. Faire revenir l'oignon,
le piment et le gingembre dans
un peu d'huile.

3. Ajouter l'ananas, le rhum,
le sucre brun, le vinaigre de cidre
et les raisins secs, et laisser frémir
15 minutes, jusqu'à ce que le jus
ait épaissi.

Salsa de tomates :

4 tomates
1 piment
2 petites échalotes
3 cornichons
1 cuil. à café de miel
jus d'un citron
sel et poivre

1. Plonger les tomates 10 minutes
dans de l'eau bouillante, puis
inciser la peau avec la pointe
d'un couteau et les peler. Couper
les tomates en deux, les épépiner
et les tailler en dés, puis les placer
dans une casserole.

2. Épépiner le piment, le laver
et le hacher finement. Peler
les échalotes et les couper en dés.
Couper également le concombre
en dés. Ajouter le piment, les
échalotes et le concombre dans
la casserole.

3. Ajouter le miel, le jus
de citron, du sel et du poivre,
et laisser mijoter 1 h 30.

Tomates rôties :

400 g de tomates cerises jaunes
50 ml d'huile d'olive
4 brins de romarin
1 cuil. à café de sel
1 cuil. à café de sucre
poivre
pulpe d'une gousse de vanille

1. Laver les tomates et les placer
dans un plat à rôti avec l'huile
d'olive, les brins de romarin,
le sel, le sucre, un peu de poivre
et la pulpe de la gousse de vanille.

2. Cuire 1 heure au four
préchauffé à 160 °C (th. 5-6).
Rectifier l'assaisonnement
après la cuisson.

3. Les tomates rôties peuvent
être servies en garniture tièdes
ou froides.

Condiment au curry :

2 cuil. à soupe de cacahuètes
1 oignon vert
1 cuil. à soupe de raisins secs
300 g de yaourt entier
jus d'un demi-citron vert
sel et poivre
1 cuil. à café de poudre de curry
1 pointe de piment en poudre
1 pointe de cumin en poudre

1. Hacher les cacahuètes, l'oignon vert et les raisins secs.

2. Mélanger le yaourt et le jus de citron vert, et ajouter les ingrédients hachés, puis du sel, du poivre, la poudre de curry, le piment et le cumin.

3. Laisser macérer quelques heures avant dégustation pour que les arômes se développent.

Condiment à l'avocat :

2 avocats bien mûrs
1 tomate
2 oignons verts
sel et poivre
jus d'un demi-citron vert
1 cuil. à soupe d'huile d'olive

1. Couper les avocats en deux, les dénoyauter et les évider. Écraser la chair à la fourchette.

2. Laver les tomates, les couper en deux, les épépiner et les couper en dés. Couper les oignons verts en fines rondelles.

3. Ajouter les tomates et l'oignon vert à l'avocat écrasé, puis incorporer du sel, du poivre, le jus de citron vert et l'huile d'olive.

Mayonnaise au citron vert :

2 jaunes d'œufs
3 cuil. à soupe de jus de citron vert
1 cuil. à café de sucre
1 cuil. à café de sauce de soja
200 ml d'huile végétale
1 cuil. à coupe d'eau chaude
sel et poivre

1. Battre le jaune d'œuf avec le jus de citron vert, la sauce de soja et le sucre.

2. Incorporer l'huile goutte à goutte en remuant sans cesse de battre. Dès que la moitié de l'huile est incorporée, verser l'huile restante en mince filet continu.

3. Incorporer l'eau chaude de façon à obtenir la consistance souhaitée, puis saler et poivrer.

Raclette exotique

Pour une soirée exotique, le menu peut se composer des plats suivants :

Voici les recettes :

Recommandé en plus des garnitures indiquées :
Pain grillé (page 46), salade (pages 88-89), salade asiatique (page 66), tomates rôties (page 90), condiment au curry (page 91), mayonnaise au citron vert (page 91), crêpes (page 82).

Boissons :
Boisson au yaourt, thé, vin blanc, eau et jus de fruits exotiques

Préparatifs :
1. Préparer les chips de légumes et les placer dans un plat, puis détailler le fromage en portions.
2. Laver les légumes et les couper en lanières.
3. Préparer l'ananas pour le chutney et pour le dessert.
4. Préparer le condiment au yaourt, le chutney d'ananas, le pesto de coriandre et le pesto de menthe.
5. Couper la volaille en cubes et la faire mariner.
6. Préparer la crème aux œufs pour le dessert et la réserver au réfrigérateur.

Autres recettes à combiner :

Raclette pour les enfants

Pour un repas de raclette qui convient aux enfants, le menu peut se composer des plats suivants :

Voici les recettes :

Recommandé en plus des garnitures indiquées :
Pain grillé (page 46), nouilles, tacos (page 16), salade
(pages 88-89), crêpes (page 82), sauce au chocolat (page 78),
condiment à l'avocat (page 91), ketchup.

Boissons :
Boissons au yaourt, thé aux fruits, eau et jus de fruits

Préparatifs :

1. Préparer les chips de légumes et les placer dans un plat,
   puis détailler le fromage en portions.
2. Cuire rapidement les ravioles et les couper en lanières.
3. Préparer les oignons.
4. Faire décongeler les bâtonnets de poisson et préparer
   la sauce rémoulade.
5. Nettoyer les fruits rouges et découper le fond de génoise.
6. Préparer la meringue et réserver (au frais).

Autres recettes à combiner :

Raclette sucrée pour le goûter :

Raclette méditerranéenne

Pour une soirée d'inspiration méditerranéenne, le menu peut se composer des plats suivants :

Voici les recettes :

Recommandé en plus des garnitures indiquées :
Pommes de terre, pain, tacos (page 16), salade (pages 88-89), fromage blanc aux herbes (page 89), salsa de tomates (page 90), condiment à l'avocat (page 91), sauce au poivre (page 60), crêpes (page 82), sauce au chocolat (page 78).

Boissons :
Bière, vin rouge ou blanc, eau et jus de fruits.

Préparatifs :
1. Préparer les chips de légumes et les disposer dans un plat, détailler le fromage en portions.
2. Laver les légumes et les couper en lanières.
3. Préparer la vinaigrette.
4. Façonner les boulettes d'agneau.
5. Couper le pain.
6. Laver les pommes, les couper en tranches et les faire mariner dans le calvados.

Autres recettes à combiner :

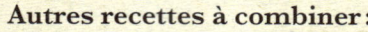

Raclette classique

Pour une soirée raclette classique, le menu peut se composer des plats suivants:

Voici les recettes:

Recommandé en plus des garnitures indiquées:
Pommes de terre, pain, salade (pages 88-89), farce de viande hachée (page 44), chorizo (page 42), œufs brouillés (page 49), tomates rôties (page 90), fromage blanc aux herbes (page 89), sauce au poivre (page 60), crêpes (page 82).

Boissons:
Thé, bière, vin blanc, eau et jus de fruits

Préparatifs:
1. Préparer les pommes de terre et les réserver au chaud dans un torchon ou dans un bol posé sur la plaque du gril.
2. Préparer le mélange pour les röstis.
3. Couper les différentes sortes de fromages.
4. Couper les portions de viande et les réserver au réfrigérateur.
5. Préparer la compote de fruits et la réserver au réfrigérateur.
6. Préparer les poires et les arroser de citron.
7. Préparer la sauce au chocolat et la réserver au frais.

Autres recettes à combiner:

Index